MIRKO REEH
Die Soße macht´s!

3

Inhalt:

Liebe Gourmets,

immer wenn ich ein neues Rezept schreibe ist es auch, in gewisser Weise, ein Experiment

Die Soße ist meist der ausschlaggebende Part beim Rezept.

Mit diesem Buch präsentiere ich Ihnen meine Lieblings-Soßen angereichert mit vielen Tipps und Variationen

Ich wünsche Ihnen viel Spaß beim Ausprobieren

Herzlichst Ihr

Mirko Reeh

Fond

Für 3 Liter Fond | Zubereitungszeit: ca. 90 Minuten | Basic

Zutaten Gemüse Fond:
2 Karotten
1 Stange Lauch
2 Zwiebeln mit Schale
300 g Knollensellerie
1 Bund glatte oder krause Petersilie
3 Lorbeerblätter
5 g Pfefferkörner
200 ml trockner Weißwein
3 EL neutrales ÖL
sowie 3 l Wasser

Zutaten Fleisch Fond:
Zusätzlich 400 g Knochen mit Mark oder 400 g Fleischreste

Zutaten Geflügel Fond:
Zusätzlich 400 g Geflügelgebeine oder 400 g Geflügelfleischreste

Zutaten Fischfond:
400 g Fischgräten und Fischreste
Wichtig keine Kiemen und Innereien sonst wird der Fond sauer und sandig.

Zutaten Wildfond:
400 g Wildknochen oder 400 g Wildfleischreste.

Info Allgemein: Ein Fond ist die Basis aller Suppen, obgleich ein Gemüsefond oder Fleisch sowie Fisch Fond, alle sind samt wichtig um Soßen oder Suppen zu produzieren.

Zubereitung: Das Gemüse wird grob geschnitten, dann kurz mit dem Öl angebraten. Ist das Gemüse leicht gebräunt kann der Wein hinzugegeben werden. Wichtig hierbei ist, dass der Wein ca. 2 Minuten richtig kocht, so dass der Alkohol rauskocht.

Wenn Fonds erweitert werden durch Fleisch oder Fisch, wird dieses beim Anbraten mit hinzugegeben, damit man ein gutes Brataroma bekommt.

Danach wird mit dem Wasser aufgegossen. Das Ganze sollte bei mittlerer Temperatur ca. 50 bis 60 Minuten köcheln.

Nach der Garzeit kann der Fond abgegossen werden. Um ihn haltbar zu machen, kann der Fond eingeweckt oder eingefroren werden.

Info Fleischfond: Wird mit Knochen gearbeitet, sollten diese vorher ca. 45 Minuten bei 180 Grad gebacken werden

Info Fischfond: Beim Fischfond müssen sie besonders darauf achten, dass der Fisch, bzw. die Fischreste maximal 30 Minuten mitkochen, da der Fond sonst kippt und sauer wird.

Fond oder Suppe klären: Wenn ein Fond oder eine Suppe Trübstoffe aufweist, kann man diese wie folgt klären: Den Fond oder die Suppen, wenn Sie gekocht sind, auf unter 70 Grad abkühlen lassen.

Eiweiß (3 Eiweiß pro Liter) aufschlagen, unter ständigem Schlagen in den Fond oder in die Suppe rühren. Weiterhin unter ständigem Rühren den Fond oder die Suppe zum Sieden bringen. Diesen Vorgang zweimal wiederholen. Das Eiweiß setzt sich als schmutziger Schaum ab. Dann durch ein Tuch passieren. Sollten noch Trübstoffe vorhanden sein, Vorgang ein weiteres Mal wiederholen.

Mediterraner Ketchup & Mayonnaise

Für ca. 1 Liter | Zubereitungszeit: 40 Minuten | Basic

Zutaten Ketchup:
1 Zwiebel
2 Knoblauchzehen
6 – 8 EL Tomatenmark
1 TL Rosmarin, gehackt
1 TL Thymian, gehackt
200 ml Olivenöl
60 ml dunkler Balsamico
½ Chilischote
1 Liter passierte Tomaten

Salz, Pfeffer, Zucker

Zutaten Mayonnaise:
2 Eigelbe
Prise Salz
1 EL weißer Balsamico
1/2 TL Dijon Senf
200 ml Rapsöl

weißer Pfeffer

Zubereitung Ketchup: Zwiebel und Knoblauch klein schneiden. Dann mit etwas Olivenöl anschwitzen, die Kräuter hinzugeben sowie alle restlichen Zutaten. Das Ganze 30 Minuten bei geringer Temperatur köcheln lassen.

Danach durch ein Haarsieb streichen und mit Salz, Pfeffer und Zucker abschmecken.

Zubereitung Mayonnaise: Zunächst das Eigelb mit etwas Salz verrühren, dann den Balsamico und den Dijon Senf sowie den weißen Pfeffer hinzugeben und alles gut verrühren.

Nun das Öl in einem dünnen Strahl hinzufügen. Dabei alles gut verrühren, so dass die Masse cremig wird.

Pesto

Für 500 g Pasta | Zubereitungszeit: ca. 10 Minuten | Pasta / Dressing

Zutaten süßes Pesto:
50 g Minze Blätter
50 g Basilikumblätter
100 g Pinienkerne oder Walnüsse
4 EL Honig
100 ml Olivenöl

Zutaten Walnuss Pesto:
100 g Basilikum
50 g Peccorino
30 g Walnüsse
100 ml Olivenöl

Zutaten Pesto mit den Kräutern der Frankfurter Grünen Soße
80 g Grüne Soße Kräuter
50 g Parmesan
30 g Walnüsse
80 ml Olivenöl

Zutaten Basilikum Pesto:
200 g Basilikum Blätter
50 g Pinienkerne
80 g frischer Parmesan
200 g Olivenöl

Zutaten Petersilie Pesto:
100 g gewaschene und gezupfte Petersilie
1 Stängel Zitronengras
1 Schalotte
½ Bund Schnittlauch
1 EL Erdnüsse, ungesalzen
½ Knoblauchzehe
1 TL Senf
100 ml Sonnenblumenöl

Zutaten Rucola Tomaten Pesto:
125 g Rucola
10 getrocknete Tomaten
50 g Cashew Kerne
1 Schalotte
60 g frischer Parmesan
100 ml Olivenöl

Zutaten Oliven Pesto:
100 g Oliven entkernt
200 ml Olivenöl
3 Knoblauchzehen
60 g Parmesan

Gewürzt wird nach Belieben und Geschmack mit Pfeffer und Salz

Zubereitung Pesto: Nüsse oder Kerne zunächst trocken rösten. Alle Zutaten für das Pesto in einen hohen Pürierbecher geben und fein pürieren. Abschmecken mit Salz und Pfeffer.

Rote Thai Curry Paste „Mirko Reeh Style"

Für ca. 300 g | Zubereitungszeit: 10 Minuten | Basic

Zutaten:
65 g getrocknete rote Chilis
100 ml Wasser
60 g Tomatenmark
60 g Knoblauch
50 g Zitronengras
48 g Salz
80 g Schalotten
40 g Ingwer
20 ml Öl
15 g Limettenblätter
20 g Koriandergrün
1,5 g Pfeffer

Zubereitung: Alle Zutaten zuerst sehr fein hacken, dann im Mixer so lange mixen bis alles eine dicklich rote Paste ist.

Wichtiger Hinweis: Die Paste darf weder roh noch ohne zusätzliche Flüssigkeit verzehrt werden, da Erstickungsgefahr droht.

Info: Diese Paste habe ich ganz bewusst gegenüber der klassischen Thai Pasten geändert. Zum einen sind in vielen Pasten Farbstoffe enthalten oder getrocknete Garnelen sowie Geschmacksverstärker.

Ich verwende lieber zum Färben Tomatenmark, Vorteil ist, dass die Masse dadurch viel cremiger wird

Klassische Thai Curry Pasten

Für ca. 300 g je Paste | Zubereitungszeit: ca. 10 Minuten | Basic

Zutaten Rotes Curry:
65 g getrocknete rote Chilis
100 ml Wasser
60 g Tomatenmark
60 g Knoblauch
50 g Zitronengras
48 g Salz
80 g Schalotten
40 g Ingwer
20 ml Öl
15 g Limettenblätter
20 g Koriandergrün
1,5 g Pfeffer

Zutaten Grünes Curry:
8 grüne Vogelaugenchili
1 TL Salz
1 EL gehackter Ingwer
3 EL Zitronengras
1 TL Limettenschale, Saft
6 Limettenblätter
3 EL gehackte Schalotte
2 EL gehackter Knoblauch
1 TL weiße Pfefferkörner
1 TL Koriander
2 EL Kurkuma
1 EL Senfsamen
2 EL Öl

Zutaten Gelbes Curry:
12 Vogelaugenchilis, entkernt
1/2 TL Salz
1 EL Ingwer, gehackt
3 EL Zitronengras, gehackt
1 TL Koriander, gehackt
6 EL Kurkuma
1 El Bockshornkleesamen
1 EL Muskatnussblüte
1 TL Nelken
4 Schalotten, gehackt
2 Knoblauchzehen, gehackt
1 Limette, deren Schale und Saft
2 EL Öl

Zubereitung je Paste: Alle Zutaten zusammenbringen, entweder klassisch in einem Mörser, oder in einem hohen Gefäß um das Ganze zu pürieren. Dritte Möglichkeit ist, dass die Zutaten nach und nach in einer elektrischen Kaffeemühle gemahlen werden. Es ist landesüblich alles mit Mörser und Stössel ganz fein zu mahlen, aber es geht auch mit einem Pürierstab. Auch hier ziemlich stark pürieren, damit die Paste ganz fein wird.

Sambal Olek

Für ca. 200 – 300 g je Paste | Zubereitungsdauer: ca. 15 Minuten | Basic

Zutaten Variante 1:
200 g frische Chilischoten
200 ml Wasser
2 TL Salz
2 TL Zucker
2 EL Essig
2 EL neutrales Öl

Zutaten Variante 2:
200 g frische Chilischoten
100 g geröstete Zwiebeln
250 ml Wasser
2 TL Salz
2 TL Zucker
2 EL Essig
2 EL neutrales Öl

Zutaten Variante 3:

15 Kemirinüsse, gestampft
2 große Chilis
6 kleine Chilis
4 Zitronenblätter
3/4 TL Salz
3 TL Zucker
1/4 TL Paprikapulver
1 TL Essig
100 ml Wasser

Zubereitung: Die Chilischoten mit Kernen im Wasser weich kochen, danach abgießen und mit den restlichen Zutaten fein pürieren.

Info: Was dem Thailänder die Curry Paste, ist dem Vietnamesen sein Sambal. Die Zutaten unterscheiden sich deutlich sowie auch in der Herstellung.

Süße Thai Chili Soße

Für 500 ml Sauce | Zubereitungszeit: ca 15 Minuten | Fleisch / Gemüse

Zutaten:
5 Thai Chilis
3 Knoblauchzehen
30 g Ingwer
50 g Tomatenmark
100 g Zucker
3 EL Weißweinessig
2 EL Stärke
250 ml Mineralwasser

Pfeffer & Salz

Zubereitung: Chilis, Knoblauch und den Ingwer sehr klein schneiden. Den Zucker mit etwas Mineralwasser schmelzen. Dann das Kleingeschnittene hineingeben und ca. 5 Minuten darin kochen, aufgießen mit dem restlichen Wasser. Tomatenmark sowie dem Essig. Gut durch kochen und mit der Stärke binden sowie mit Salz und Pfeffer abschmecken.

Sate Erdnuss Sauce

Zutaten für 350 ml | Zubereitungszeit: 6 – 8 Minuten | Fleisch / Dressing

Zutaten:
100 g Erdnüsse
250 ml Kokosmilch
2 Chilis, rot
1 TL Kurkuma
1 TL Koriander, gemahlen
2 EL Zucker

Salz & Pfeffer

Zubereitung Erdnuss-Sauce: Erdnüsse trocken rösten. Dann mit den restlichen Zutaten in ein hohes Gefäß geben und pürieren. Anschließend die Sauce erwärmen.

Süße Erdnuss Chili Sauce

Zutaten für 200 ml | Zubereitungszeit: 6 – 8 Minuten | Dressing / Dip

Zutaten:
50 g Erdnüsse
100 ml Kokosmilch
1 Chilischote
3 EL Honig
2 EL heller Balsamico

Salz & Pfeffer

Zubereitung: Die Erdnüsse als ersten Schritt trocken rösten, dann alle Zutaten vermengen und sehr stark pürieren. Mit Salz und Pfeffer würzen.

Mirkos Teriyaki Sauce

Für 120 ml | Zubereitungszeit: ca. 10 Minuten | Fleisch / Fisch

Zutaten:
2 EL Sesamöl
2 Knoblauchzehen
1 Zwiebel
1 Msp. Chili
30 g Ingwer
50 ml Sojasauce
60 g Zucker

Zubereitung: Knoblauch, Ingwer und Zwiebeln klein schneiden und anbraten. Ablöschen mit der Sojasauce und dem Zucker. Leicht köcheln lassen, mit dem Chili abschmecken und durch ein Haarsieb geben.

Hot Tobago Sauce

Für 600 ml Sauce | Zubereitungszeit ca. 8 Minuten | Fleisch / Fisch

Zutaten:
1 geschälte Mango
50 g Chili
100 ml heller Essig
2 Zwiebeln
1 Stange Sellerie
1 Knoblauchzehe
200 ml Öl
Salz & Pfeffer

Zubereitung: Die Zutaten zusammen in einen Mixer geben und sehr gut pürieren. Abschmecken mit Pfeffer und Salz.

Crema di Balsamico

für 250 ml | Zubereitungszeit: ca. 90 Minuten | Basic

Zutaten:
1 Liter dunkler Balsamico
100 ml Sherry
2 EL Tomatenmark
8 EL Zucker
1 TL Stärke

Salz & Pfeffer

Varianten:
50 g Edelbitterschokolade

6 geschälte Feigen

6 getrocknete Pflaumen

1 Chilischote

Zubereitung: Den Zucker in einem Topf karamellisieren. Tomatenmark hinzufügen und bräunen, dann mit dem Sherry und dem Balsamico ablöschen. **Vorsicht, aufsteigender Essigdampf!** Die Essigmischung so lange köcheln lassen, bis die Flüssigkeit anfängt dicklich zu werden. Die Stärke mit etwas Wasser verquirlen und unterrühren. Mit Salz und Pfeffer würzen und völlig auskühlen lassen. Anschließend durch ein Haarsieb streichen.

Varianten: Für die einzelnen Varianten werden z.B. die Schokolade mit gekocht, oder die Feigen, Pflaumen und auch die Chilischote.

Nachdem die Sauce eingedickt ist, wird die Sauce immer durch ein Haarsieb gestrichen.

Die Sauce kann warm und kalt verzehrt werden.

Im Kühlschrank hält die Sauce ca. 1 Woche.

Ajoli

Für 500 g Ajoli | Zubereitungszeit: ca. 10 Minuten | Basic

Zutaten:
500 ml neutrales Öl
2 Eier
1 Knoblauchzehe

Etwas Salz

Varianten:
1 TL Wasabi

100 g Parmesan

1 gestrichenen TL Thaicurrypaste

Zubereitung: Knoblauch in einen hohen schmalen Becher geben. Öl darauf geben, Eigelb und Eiweiß hinzugeben. Dann mit einem Stabmixer, erst lange, ca. 90 Sekunden ganz unten im Becher pürieren, dann langsam und vorsichtig hoch ziehen, dabei stätig pürieren. Die Masse sollte nun steif sein.

Varianten: Die Zutaten der Variante, nach dem Vorbereiten der Ajoli, gut mit hinein rühren.

Wodka Mayonnaise Dressing

Zutaten für 100 ml | Zubereitungszeit: 6 – 8 Minuten | Salat / Dressing

Zutaten:
60 g Mayonnaise
20 ml neutrales Öl
20 ml neutralen Wodka
1 EL Paprika edelsüß

Salz & Pfeffer

Zubereitung: Alle Zutaten miteinander sehr gut vermengen, würzen mit Pfeffer und Salz.

Senf

Für 150 g Senf | Zubereitungszeit: ca. 10 Minuten | Basic

Zutaten:
50 g helle Senfkörner
50 ml Wasser
50 ml neutrales Öl
2 EL heller Essig
1 EL Zucker

2 EL helle Senfkörner
2 EL dunkle Senfkörner

Salz & Pfeffer

Varianten:
4 getrocknete Feigen

30 g getrockneten Estragon

von 1 Orange die Schale

Zubereitung: Die 50 g hellen Senfkörner werden fein gemahlen, den Zucker hinzugeben und weiter im Mörser mahlen. Dann mit dem Wasser und dem Öl sowie dem Essig aufgießen und weiter mörsern. Zu guter Letzt die restlichen Senfkörner hinzugeben, mit Salz & Pfeffer abschmecken und 1 Tag ruhen lassen. Mag man keinen groben Senf, sollte man einfach die Körner im zweiten Schritt weg lassen.

Varianten: In die Fertig Mischung kommen z.B. die getrockneten Feigen. Diese sollten am besten sehr fein geschnitten sein, oder mit etwas Wasser püriert werden. Das Wasser dann aber wieder abtropfen lassen. Natürlich können auch alle anderen getrockneten Früchte oder Obst genommen werden.

Bei Kräutern können sowohl frische als auch getrocknete Kräuter verwendet werden. Hierbei ist nur wichtig, dass bei frischen Kräutern die Haltbarkeit ca. 7 Tage beträgt.

Wenn Schale von Zitrusfrüchten hinzu kommt, ist es ganz wichtig, das die Zitrusfrucht, wie z.B. die Orange vorsichtig abgezogen wird, damit nicht das weiße der Orange mit hineinkommt, sonst wird der Senf bitter.

Himbeeren Senf Dressing

Für 250 g Dressing | Zubereitungszeit: ca. 5 Minuten | Salat / Marinade

Zutaten:
100 g Himbeeren
6 EL Olivenöl
4 EL Himbeeressig
1 EL Senf
125 g Joghurt
1 EL Honig

Salz & Pfeffer

Zubereitung: Die Himbeeren mit den restlichen Zutaten des Dressings gut mischen, fein pürieren, danach durch ein Haarsieb streichen. Mit Pfeffer und Salz abschmecken.

Orient Senf Sauce

Für 100 ml Dressing | Zubereitungszeit: ca. 5 Minuten | Salat / Marinade

Zutaten:
60 ml Olivenöl
40 ml dunkler Balsamico
1 TL Senf
1 Prise Zimt
1 TL Raz el Hanout

Salz & Pfeffer

Zubereitung: Alle Zutaten werden in einen Pürierbecher gegeben, danach sehr gut püriert und danach abgeschmeckt mit Pfeffer und Salz.

Dill Senf Dressing

Für 100 ml Dressing | Zubereitungszeit: 10 Minuten | Salat / Marinade

Zutaten:
1 EL mittelscharfen Senf
1 EL Honig
4 EL Olivenöl
3 EL heller Essig
4 EL Dill, gehackt
1 kleingeschnittene Zwiebel
1 EL Kapern

Pfeffer & Salz

Zubereitung: Alle Zutaten werden kein geschnitten, dann sehr fein mit dem Pürierstab oder mit einem Blender püriert. Mit Pfeffer und Salz wird das Ganze abgeschmeckt.

Info: Auch wenn Sie Kapern nicht mögen, sollten Sie das Dressing mit Kapern probieren. Durch das fein pürieren, haben sie den Geschmack, beißen aber nicht auf die Körner. Dies ist für viele unangenehm.

Kreolische Gewürzmischung

Für ca. 50 g | Zubereitungszeit: ca. 7 Minuten | Basic

Zutaten:
2 EL Salz
1 EL süßes Paprikapulver
1 EL schwarzes Salz
1 EL schwarzer Pfeffer
1 EL Knoblauch
1 EL gehackte Zwiebeln
1 TL Cayenne Pfeffer
½ TL getrocknete gemischte Kräuter

Zubereitung: Alle Zutaten in einen Mörser geben und grob miteinander vermengen, bzw. mörsern.

Kreolisches Dressing

Für 150 ml Dressing | Zubereitungszeit: ca. 5 Minuten | Salat / Marinade

100 ml Olivenöl
2 EL kreolische Gewürzmischung
3 EL Balsamico
2 Knoblauchzehen
1 Sardinenfilet
1 EL Zucker

Pfeffer & Salz

Zubereitung: Alle Zutaten in einen Mixer geben, sehr gut pürieren und mit Pfeffer und Salz abschmecken.

Kartoffel Speck Dressing

Für 250 g Dressing | Zubereitungszeit: ca. 15 Minuten | Salat

Zutaten:
100 g gekochte Kartoffeln
50 g Speck
150 ml Gemüsefond
1 EL Schmand

Salz & Pfeffer

Zubereitung: Die gekochten Kartoffeln mit zuvor angebratenem Speck, dem Fond sowie Schmand fein pürieren. Danach durch ein Haarsieb streichen, abschließend mit Pfeffer und Salz abschmecken.

Rote Bete Dressing

Für 200 g Dressing | Zubereitungszeit: ca. 10 Minuten | Salat

Zutaten:
100 g gekochte rote Bete
4 EL dunkler Balsamico
4 EL Olivenöl
½ TL Kreuzkümmel
1 fein geschnittene Zwiebel

Salz & Pfeffer

Zubereitung: Rote Bete, Balsamico, Olivenöl und Kreuzkümmel fein pürieren, danach die fein geschnittene Zwiebel hinzugeben. Abschmecken mit Pfeffer und Salz.

Curry Honig Dressing

Für 150 ml Dressing | Zubereitungszeit: 5 Minuten | Salat / Marinade

Zutaten:
50 ml Wasser
50 ml heller Balsamico
50 ml Olivenöl
2 TL Curry
4 EL Honig

Salz & Pfeffer

Zubereitung: Alle Zutaten in einen Pürierbecher geben und sehr gut pürieren, danach abschmecken mit Pfeffer und Salz.

Orangen Balsamico Sauce

Für 150 ml Dressing | Zubereitungszeit: 5 Minuten | Salat

Zutaten:
2 geschälte Orangen
50 ml Balsamico
2 EL Zucker
1/2 TL Orangenschale
1 Msp. Muskatnuss, gerieben

Salz & Pfeffer

Variante:
2 TL Currypulver

Zubereitung: Alle Zutaten in einen Mixer geben und sehr fein pürieren.

Johannisbeeren und Pflaumen Salsa

Für ca. 300 g Salsa | Zubereitungszeit: ca. 10 Minuten | Beilage / Dressing

Zutaten:
300 g Johannisbeeren
1 rote Zwiebel
1 TL Kardamom
1 TL Korianderkörner
1 Chilischote
2 EL Honig
2 EL Essig
3 EL Öl

Salz & Pfeffer

Variante:
Statt Johannisbeeren
können auch 300 g Pflaumen
genommen werden

Zubereitung: Die Johannisbeeren waschen und mit einer Gabel von den Rispen streichen. Zwiebel fein würfeln, Koriander im Mörser fein zerstoßen, Chilischote entkernen, fein hacken. Alle Zutaten miteinander vermengen und mit Salz und Pfeffer abschmecken.

Schmand Gurken Salsa

Für ca. 400 g Salsa | Zubereitungszeit: ca. 10 Minuten | Beilage / Dressing

Zutaten:
1 Gurke
2 rote Zwiebeln
1 kleine Chilischote
10 Minze Blätter
150 g Schmand
8 EL weißer Essig
8 EL neutrales Öl
1 Kerbelzweig

Salz & Pfeffer

Zubereitung: Gurke halbieren, entkernen und in sehr feine, kleine Würfel schneiden. Zwiebeln und Chilischote ebenfalls sehr klein schneiden. Minze fein hacken. Alles zusammen mit dem Essig, dem Öl und dem Schmand gut vermengen. Dann einige Minuten ziehen lassen und mit Pfeffer und Salz würzen.

Mojo

Für 350 g Sauce | Zubereitungszeit: ca. 10 Minuten | Beilage

Zutaten Mojo Pícon:
4 eingelegte Paprika
3 Knoblauchzehen
2 getrocknete Chilischoten
250 ml Olivenöl
100 g altes Weißbrot
etwas Weißweinessig

Kreuzkümmel, Pfeffer &Salz

Zutaten Mojo Verde:
100 g Koriander
3 Knoblauchzehen
1 EL Honig
250 ml Olivenöl
100 g altes Weißbrot
etwas Weißweinessig

Kreuzkümmel, Pfeffer &Salz

Zubereitung Mojo Pícon: Die Paprika abtropfen lassen, Knoblauch schälen und klein schneiden, Weißbrot zerbröseln. Dann mit allen weiteren Zutaten vermischen und sehr fein pürieren. Anschließend mit Salz, Pfeffer und Kreuzkümmel abschmecken.

Zubereitung Mojo Verde: Koriander fein schneiden, Knoblauch schälen und klein schneiden. Weißbrot zerbröseln. Dann mit den restlichen Zutaten fein pürieren. Mit Kreuzkümmel, Pfeffer und Salz abschmecken.

Scharfe Joghurt Sauce

Für 350 g Sauce | Zubereitungszeit: ca. 5 Minuten | Dip

Zutaten:
200 g Joghurt, mind. 6 %
150 g Joghurt, mind. 3,5 %
2 Knoblauchzehen

Salz & scharfes Paprikapulver

Zubereitung: Beide Sorten Joghurt gut vermischen, den Knoblauch fein hacken, in gar keinem Fall durch eine Knoblauchpresse drücken. Knoblauch sowie Salz, Pfeffer und Paprikapulver unterheben.

Balsamico Senf Sauce

Für 100 ml | Zubereitungszeit: 20 Minuten | Salat / Marinade

Zutaten:
2 hart gekochte Eier
4 EL Zitronensaft
4 EL weißer Balsamico
8 EL Olivenöl
4 EL Senf
4 Frühlingszwiebeln

Salz & Pfeffer

Zubereitung: Alle Zutaten bis auf die Frühlingszwiebeln in einen Pürierbecher geben und gut pürieren, danach abschmecken. Die Frühlingszwiebeln in sehr feine Streifen schneiden und unter die Sauce heben.

Mango Dip

Für 400 g Dip | Zubereitungszeit: 20 Minuten | Dip

Zutaten:
1 Mango
1 Chilischote
40 g Zucker
1 TL Stärke
3 EL Weißweinessig
1 TL Tomatenmark
1 TL gehackter Ingwer
300 ml Wasser

Salz & Pfeffer

Zubereitung: Die Mango und die Chilischote in sehr kleine Stücke schneiden, dann mit den restlichen Zutaten zum Kochen bringen und zu guter Letzt abschmecken. Warm und kalt zu genießen

Feigen Senf Sauce

Zutaten für 350 ml | Zubereitungszeit: 6 – 8 Minuten | Fleisch / Dressing

Zutaten:
10 EL mittelscharfen Senf
8 frische Feigen
70 ml weißer Balsamico

Salz & Pfeffer

Zubereitung: Feigen schälen, dann alles zusammen fein pürieren und durch ein Sieb streichen. Danach abschmecken mit Pfeffer und Salz

Barbecue Sauce

Für 500 g Sauce | Zubereitungszeit: 20 Minuten | Basic

Zutaten:
1 große Zwiebel
2 EL Olivenöl
2 Knoblauchzehen
300 g Tomaten
1 rote Paprikaschote
2 EL Paprikapulver, edelsüß
1 EL abgeriebene Schale einer Zitrone
1 EL Essig
1 – 2 EL Honig

Salz & Pfeffer

Zubereitung: Die Zwiebel und Knoblauch fein hacken, danach in einem Topf dünsten. Die Tomaten überbrühen, enthäuten und entkernen, mit in den Topf geben und weiter dünsten. Die Paprika in Streifen schneiden und ebenfalls in den Topf geben. Mit den Gewürzen abschmecken und 10 Minuten köcheln lassen, dann fein pürieren.

Barbecue Schmand

Für 500 g Sauce | Zubereitungszeit: 20 Minuten | Dressing / Salat

Zutaten:
400 g Schmand
2 EL Chipottle Tabasco
2 EL Barbecue Sauce
10 g Zitronengras
30 g Ingwer

50 ml Milch

Geräuchertes Salz & Pfeffer

Zubereitung: Im ersten Schritt wird Zitronengras mit dem Ingwer und der Milch sehr fein püriert. Dann durch ein Haarsieb geben. Die aufgefangene Milch wird unter die restlichen Zutaten gehoben und sehr gut vermengt. Abgeschmeckt wird das Ganze mit einem geräucherten Salz und Pfeffer

Thai Zitronengras Dressing

Für 100 ml | Zubereitungszeit: 20 Minuten | Dressing / Salat

Zutaten:
4 EL heller Essig
4 EL Sojasoße
1 Zitronengrasstängel
1 Knoblauchzehe
50 ml Olivenöl
¼ TL Thaipaste

Salz & Pfeffer

Zubereitung: Alle Zutaten in einen Mixer geben und sehr gut pürieren, danach mittels eines Haarsiebes die Feuchtigkeit auffangen und abschmecken mit Pfeffer und Salz.

Mango Chutney

Für 1 Kg Chutney | Zubereitungszeit: ca. 50 Minuten | Beilage

Zutaten:
200 g Zwiebeln
100 g Rosinen
600 g Orangen
300 g Rohrzucker
0.25 l Weinessig
600 g Mangos
6 Knoblauchzehen
4 Chilis, grob gehackt
2 TL Minze, fein gehackt

Pfeffer & Salz

Zubereitung: Die Mangos schälen, entkernen und würfeln. Die Orangen schälen und würfeln. Zwiebeln und Knoblauch wird geschält und fein gehackt, ebenso die Chilis. Die Zwiebeln mit der Hälfte des Essigs so lange köcheln, bis sie glasig sind. Die Mango würfeln, Orangenwürfel und die Rosinen dazugeben, gut umrühren und aufkochen lassen. Jetzt den restlichen Essig und den Zucker sowie das Salz dazugeben. Alles zusammen sehr gut vermengen. Das Ganze etwa 20 Minuten köcheln lassen, bis die Früchte weich sind und zerfallen. Evtl. etwas Wasser dazugeben. Das Chutney darf nicht zu flüssig werden. Den Topf vom Herd nehmen und die Minze unterrühren. Zu guter Letzt mit Pfeffer & Salz abschmecken.

Paprika Zucchini Chutney

Für 250 g Chutney | Zubereitungszeit: ca. 20 Minuten | Basic

Zutaten:
Je 1 Paprika rot, gelb, grün
1 Schalotte
1 Zucchini
1 Knoblauchzehe
100 ml Tomatensaft
50 g Zucker
4 EL heller Balsamico

Salz & Pfeffer

Zubereitung: Paprika, Schalotte und Zucchini erst schälen und dann in kleine gleichmäßige Würfel schneiden. Zucker karamellisieren, danach den Tomatensaft hinzugeben. Abschmecken mit dem Balsamico sowie Pfeffer und Salz. Das klein geschnittene Gemüse erst kräftig anbraten und dann mit dem Bratsud zum Tomatensaft geben.

Kürbis Tomaten Chutney

Für 250 g Chutney | Zubereitungszeit: ca. 20 Minuten | Basic

Zutaten:
200 g Kürbisfleisch
200 g Tomaten
100 g Karotten
1 Zwiebel
20 g Ingwer
50 ml Weißwein
2 EL heller Essig
4 EL Zucker
Etwas Öl zum Braten
Chili
Salz & Pfeffer

Zubereitung: Kürbis, Karotten und Tomaten klein würfeln. Dann mit der zuvor klein geschnittenen Zwiebel und dem Ingwer anbraten. Das Ganze sollte ein bisschen Feuchtigkeit ziehen, danach Wein, Zucker und Essig dazugeben. Köcheln bis alles gar ist. Danach abschmecken mit Salz, Pfeffer und Muskat.

Tsatsiki

Für 600 g Sauce | Zubereitungszeit: ca. 15 Minuten | Dip / Sauce

Zutaten:
300 g Joghurt, mind. 10 %
200 g Quark, mind. 20 %
1 Gurke
2 Zwiebeln
5 Knoblauchzehen
2 EL Olivenöl
4 EL heller Balsamico

Salz & Pfeffer

Zubereitung: Gurke mit Schale in kleine Würfelchen schneiden. Zwiebeln ebenfalls klein scheiden. Knoblauch fein reiben. Joghurt und Quark sehr gut verrühren, danach die restlichen klein geschnittenen Zutaten unterheben.

Das Tsatsiki mit Pfeffer und Salz abschmecken

Frankfurter Grie Soß

Für 600 g Sauce | Zubereitungszeit: 20 Minuten | Fleisch / Fisch / Pasta

Zutaten:
4 gekochte Eier
1 Eigelb
500 g saure Sahne
4 EL ÖL
Saft einer Zitrone
1 EL Senf

Salz und Pfeffer

1 Bund (200 g) mit folgenden Kräutern:

Schnittlauch, Petersilie, Kerbel, Borretsch, Pimpinelle, Sauerampfer, Kresse

Zubereitung: Die gekochten Eier klein hacken und mit dem Eigelb und der sauren Sahne verrühren. Öl hinzugeben und mit Zitronensaft, Senf, Salz und Pfeffer abschmecken. Die Kräuter fein hacken und unter die Soße geben.

Info: Für mich ist ganz wichtig, dass die Kräuter nicht püriert werden, oder durch den Fleischwolf gequetscht werden, da die Kräuter dann säuerlich werden. Das schadet dem Geschmack der Sauce. Auch wenn es viel Arbeit bedeutet, ist der Aufwand doch lohnenswert.

Schaum Saucen

Für 250 ml Sauce | Zubereitungszeit: ca. 15 Minuten | Basic

Zutaten Basis Weißwein Schaum:
½ Schalotte
125 ml Weißwein
oder 125 ml Gemüsefond
1 Lorbeerblatt
175 ml Sahne
30 g Butter

50 g Butter

Zum Aromatisieren:
Rucola Schaum:
100 g Rucola

Parmesan Schaum:
100 g Parmesan

Safran Schaum:
0,2 g Safran

Grüne Soße Schaum:
100 g grüne Soße Kräuter

Rote Bete Schaum:
50 ml Rote Bete Saft

Curry Schaum:
¼ TL Thai Curry Paste
1 TL Currypulver
2 Stängel Zitronengras

Bärlauch Schaum:
100 g Bärlauch

Meerrettich Schaum:
50 g geriebener Meerrettich

Trüffel Schaum:
6 EL Trüffelbutter
oder 6 EL Trüffelöl

Basilikum Schaum:
100 g Basilikum

Paprikaschaum:
100 g rote Paprikastücke

Gorgonzola Schaum:
100 g Gorgonzola

Muskatnussblüten Schaum:
5 g zerstoßene Muskatnussblüte

Limette Schaum:
2 Limetten, deren Saft und Schale
1 Prise Zucker

Orangen Schaum:
100 ml Orangensaft,
eingekocht auf 30 ml

Zubereitung: Schalotten würfeln, mit dem Weißwein, dem Lorbeerblatt und etwas Pfeffer köcheln und auf die Hälfte reduzieren lassen. Dann die Sahne hinzugeben und auf 250 ml reduzieren.

Nun können die Zutaten hinzugegeben werden, wenn sie die Saucen aromatisieren wollen. Sehr fein pürieren.

Durch ein Passiersieb passieren und die Sauce auffangen. Sauce mit Salz und Pfeffer abschmecken und warm halten.

Die Sauce kurz vor dem Servieren mit der kalten Butter und einem Pürierstab aufpürieren, bis die Sauce dicklich schaumig ist.

Info: Ganz wichtig, der Schaum hält immer nur für kurze Zeit, lässt sich aber immer wieder aufschäumen.

Das Schöne an diesem Rezept ist, dass man eine Basis hat und immer wieder variieren kann.

Wichtig ist ebenfalls, dass man einen trockenen Wein oder Sekt nimmt.

Demi Glace

Für 1 Liter Sauce | Zubereitungszeit: ca. 120 Minuten | Basic

Zutaten:
5 kg Kalbsknochen
1 kg Zwiebeln
1 kg Karotten
500 g Knollensellerie
1 Bund glatte Petersilie
100 g Tomatenmark
500 ml trockener Riesling
500 ml Wasser

Salz und Pfeffer

Zubereitung: Die Knochen in einen großen Bräter schichten und in den Ofen bei 180 Grad Umluft schieben. Wenn alles schön braun ist, das kleingewürfelte Gemüse ebenfalls dazugeben und bräunen lassen, dann mit halb Wasser und Weißwein aufgießen, bis es gerade bedeckt ist. 60 Minuten im Ofen belassen. Die Flüssigkeit sollte stark einkochen, notfalls noch Wasser zugeben.

Die verbleibende Flüssigkeit, ca. 1 Liter, durch ein feines Sieb oder ein Tuch abgießen und gut entfetten.

Braune vegetarische Sauce

Für 1 Liter Sauce | Zubereitungszeit: ca. 60 Minuten | Basic

Zutaten:
2 Zwiebeln
6 EL Butter
4 EL Mehl
1 Liter Gemüse- oder Fleischfond
2 EL Balsamico
Pfeffer & Salz

Zubereitung: Zwiebel in der Butter anbraten, dann das Mehl zugeben und weitere 5-10 Min. garen, bis Mehl und Zwiebeln nussbraun sind. Sind die Zwiebel weich und breiig, wird nach und nach der Gemüsefond eingerührt.

Das Ganze zum Kochen bringen und weitere 10 Min. köcheln lassen. Die Sauce in einen Topf mit einem Haarsieb abseihen, Balsamico sowie Salz und Pfeffer hinzugeben.

Kalbs Jús

Für 500 ml Sauce | Zubereitungszeit: ca. 60 Minuten | Basic

Zutaten:
500 g Kalbsknochen
800 ml Kalbsfond
100 ml Rotwein
2 EL Tomatenmark
3 EL dunkler Balsamico
1 Knoblauchzehe mit Schale
1 Zwiebel
4 EL Mehl
4 EL Butter
3 Zweige Thymian

Salz & Pfeffer

Zubereitung: Die Kalbsknochen, Zwiebel und Knoblauch mit etwas Öl anbraten. Danach das Mehl und das Tomatenmark hinzugeben und anschmoren lassen.

Dann Fond, Rotwein, Thymian sowie Balsamico hinzugeben, das Ganze ca. 30 Minuten köcheln lassen, danach durch ein Haarsieb seihen. Die Sauce auffangen, abschmecken mit Pfeffer und Salz.

Pilz Sauce

Für 500 ml Sauce | Zubereitungszeit: ca. 20 Minuten | Fleisch / Risotto

Zutaten:
500 g gemischte Pilze
1 rote Zwiebel
500 ml Gemüse oder Fleischfond
2 EL Balsamico Crema
100 ml Rotwein
4 EL Öl

Salz & Pfeffer

Variante:
200 ml Sahne

Zubereitung: Die Pilze klein schneiden und mit etwas Öl anbraten. Deckel auf die Pfanne geben und bei ganz kleiner Temperatur die Pilze gar ziehen lassen. Pilze herausnehmen aus der Pfanne, wieder etwas Öl hineingeben. Dann die zuvor klein geschnittene Zwiebel anbraten. Das Ganze ablöschen mit dem Fond und dem Rotwein, etwas einköcheln lassen, auf ca. 500 ml. Danach die Balsamico Crema sowie die Pilze hinzugeben. Aufkochen lassen und mit Pfeffer und Salz abschmecken.

Variante: Bei der Variante wird die Sahne hinzugegeben. Wenn Rotwein und Fond in die Sauce kommt, ebenfalls trotz der höheren Menge an Flüssigkeit auf 500 ml runterkochen.

Sauce Hollandaise

Für 250 ml Sauce | Zubereitungszeit: ca. 15 Minuten | Spargel / Fleisch

Zutaten:
3 Eigelbe
½ Tasse Wasser
1 TL Zitronensaft
125 g Butter
125 g Margarine

Salz und Pfeffer

Zubereitung: Eigelbe werden mit lauwarmen Wasser und Zitronensaft im warmen Wasserbad geschlagen, bis die Masse dickschaumig wird. Eigelbsauce aus Wasserbad nehmen, Butter und Margarine zerlassen und warm tropfenweise in die Eigelbsauce einrühren. Mit Salz und Pfeffer würzen. Die Sauce anschließend nicht zu stark erhitzen, da sie sonst gerinnt. Die Hollandaise kann auch bis zum Servieren im Wasserbad warmgehalten werden.

Sauce Bernaise

Für 250 ml Sauce | Zubereitungszeit: ca. 15 Minuten | Spargel / Fleisch

Zutaten:
1 kleine Zwiebel
1/8 L Weißwein
3 EL Estragon Essig
½ TL Pfeffer – frisch gemahlen
3 Eigelbe
125 g Butter
125 g Margarine
1 TL gehackte Petersilie
1 TL Estragon
1 TL Kerbel

Salz und Pfeffer

Zubereitung: Zwiebel schälen und fein hacken. Mit Wein, Estragon Essig und Pfeffer aufkochen und auf 2/3 reduzieren.

Dann abseihen, Eigelbe hinzugeben und kräftig dickschaumig aufschlagen. Die Butter und die Margarine schmelzen, danach tropfenweise hinzugeben und kräftig weiter schlagen. Ist die Sauce fertig, kommen die Kräuter, die zuvor fein geschnitten wurden, hinzu. Abschmecken mit Pfeffer und Salz.

Sauce Artemis

Für 250 ml Sauce | Zubereitungszeit: ca. 30 Minuten | Spargel / Fleisch

Zutaten:
1 kleine Zwiebel
1 Knoblauchzehe
2 EL Olivenöl
250 g Tomaten
½ Bund frischen Basilikum
3 EL Ketchup

Salz und Pfeffer

Zubereitung: Zwiebel und Knoblauchzehe schälen sehr fein hacken und im Öl goldbraun dünsten. Tomaten in kochendem Salzwasser 3 - 4 Minuten blanchieren, eiskalt abschrecken, abziehen, in Würfel schneiden und zu der Zwiebel und der Knoblauchzehe geben. Im offenen Topf ca. 20 Minuten garen, bis ausreichend Flüssigkeit verdampft ist. Sauce Artemis durch ein Haarsieb passieren und mit fein geschnittenem Basilikum, Ketchup, Salz und Pfeffer abschmecken.

Wodka Pfirsich Sauce

Für 500 ml Sauce | Zubereitungszeit: ca. 30 Minuten | Pasta / helles Fleisch

Zutaten:
4 Pfirsiche
100 ml Gemüsefond
50 ml Wodka
200 g Creme Fraiche
3 EL Balsamico
1 EL Curry

Salz & Pfeffer

Zubereitung: Die Pfirsiche schälen und klein schneiden. Mit etwas Öl anbraten. Wodka hinzugeben und aufkochen lassen. Danach alle anderen Zutaten nach und nach hinzugeben. Das Ganze kurz durchkochen und mit Pfeffer und Salz abschmecken.

Sesam Austern Sauce

Für 250 ml Sauce | Zubereitungszeit: ca. 10 Minuten | Pasta / Geflügel

Zutaten:
50 g Sesambutter
5 EL Austernsauce
200 ml Sahne

Salz & Pfeffer

Zubereitung: Sesambutter schmelzen, dann die Austernsauce und die Sahne aufgießen, das Ganze zweimal richtig aufkochen lassen, damit die Sahne bindet. Abschmecken mit Pfeffer und Salz.

Würzige Schokoladen Sauce

Für 500 ml Sauce | Zubereitungszeit: ca. 30 Minuten | Risotto / Fleisch

Zutaten:
1 Karotte
1 Zwiebel
2 Stangen Staudensellerie
2 EL Olivenöl
100 ml Rotwein
50 ml Portwein
6 EL Balsamico
400 ml Rinderfond
1 Lorbeerblatt
8 Pfefferkörner
80 g Zartbitterschokolade
4 – 6 EL Tomatenmark
50 g kalte Butter

Salz & Pfeffer

Zubereitung: Das Gemüse sehr fein würfeln. In etwas Olivenöl kräftig anbraten, dann mit dem Port- und dem Rotwein sowie dem Balsamico ablöschen und aufkochen lassen. Den Fond, die Pfefferkörner und das Lorbeerblatt hinzugeben und bei starker Hitze 20 Minuten kochen lassen und anschließend passieren. Den Sud in einem sauberen Topf auffangen, die Schokolade und das Tomatenmark hinzugeben und so lange köcheln lassen, bis die Sauce cremig wird.

Zu guter Letzt abschmecken mit Pfeffer und Salz. Dann die kalte Butter zur Bindung kräftig einrühren(montieren).

Béchamel Sauce

Für 250 ml Sauce | Zubereitungszeit: ca. 10 bis 15 Minuten | Pasta / Fleisch

Zutaten:
3 EL Butter
2 EL Mehl
250 ml Milch
Muskat

Salz & Pfeffer

Variante:
4 Orangen

Zubereitung: Die Butter zerlassen, das Mehl hinzugeben und gut verrühren, bis alles dicklich wird.

Mit der Milch aufgießen und danach ca. 5 Minuten lang köcheln lassen. Nach Belieben und Geschmack mit Salz, Pfeffer und Muskat würzen.

Variante: Als ersten Schritt werden die Orangen ausgepresst und in einem Topf so lange gekocht, bis der Saft dicklich eingekocht ist.

Dann wird der reduzierte Saft in die Béchamel Sauce eingerührt.

Maronen Sauce

Für 500 ml Sauce | Zubereitungszeit: ca. 10 Minuten | Fleisch

Zutaten:
250 g gekochte Maronen
500 ml Geflügelfond
125 g Crème Fraîche
1 TL Paprikapulver

Salz & Pfeffer

Zubereitung: Die Maronen in dem Geflügelfond ca. 10 Minuten köcheln lassen. Danach sehr fein pürieren. Mit der Creme Fraiche abschmecken. Würzen mit Pfeffer und Salz sowie Paprikapulver.

Krebs Sauce

Für 500 ml Sauce | Zubereitungszeit: ca. 10 Minuten | Fisch / Pasta

Zutaten:
150 g Krebsfleisch
200 g Sahne
100 ml Weißwein
200 ml Fischfond

Salz & Pfeffer

Zubereitung: Das Krebsfleisch kurz anbraten. Fischfond darauf geben und aufkochen lassen, danach den Weißwein dazugeben und wieder aufkochen lassen, zu guter Letzt die Sahne hinzugeben und noch einmal aufkochen lassen. Die Sauce in einen Mixer geben und sehr fein pürieren. Abschmecken mit Pfeffer und Salz.

Kirsch Sauce

Für 500 ml Sauce | Zubereitungszeit: ca. 30 Minuten | Fleisch

Zutaten:
1 Zwiebel
100 g getrocknete Kirschen
3 EL Tomatenmark
2 EL Zucker
300 ml Rotwein
300 ml Gemüsefond
Etwas Öl zum Braten

Salz & Pfeffer

Zubereitung Soße: Zucker und Tomatenmark sehr gut vermengen, dann in einer Stilkasserolle anbraten. Zwiebel und Kirschen klein schneiden, kurz mit braten. Danach ablöschen mit den Flüssigkeiten, ca. 20 Minuten köcheln lassen, bis die Masse sämig ist und eingekocht ist. Sehr fein pürieren, danach durch ein Haarsieb streichen und mit Salz und Pfeffer abschmecken.

Bologneser Art – Al Ragout

Für ca. 1,5 Liter Sauce | Zubereitungszeit: ca. 180 Minuten | Pasta

Zutaten:
1 kg Kalbfleisch
100 g Kalb- oder Geflügelleber
2 EL Zucker
1 rote Paprikaschote
1 grüne Paprikaschote
1 gelbe Paprikaschote
2 Zwiebeln
1 Bund Suppengrün
500 ml Rotwein
800 g Dosentomaten
2 Knoblauchzehen
1 TL Oregano
1 TL Thymian
1 EL Basilikum

Salz, Pfeffer & Paprikapulver

Zubereitung Sauce: Das Fleisch und die Leber klein schneiden. In der deutschen Version wird das Fleisch durch einen Fleischwolf gegeben. Das Fleisch in kleinen Portionen, so dass es kein Wasser zieht anbraten.

Das Gemüse sehr fein würfeln und ebenfalls kräftig anbraten, etwas Zucker hinzugeben. Danach die Dosentomaten dazugeben sowie den Rotwein und die Kräuter hinzugeben. Das Ganze ca. 60 Minuten bei mittlerer Hitze durchkochen.

Nach 60 Minuten sollte das Gemüse weich und etwas eingekocht sein. Nun das angebratene Fleisch hinzugeben und weiter kochen, bis der Fleischanteil überwiegt. Mit Salz, Pfeffer und Paprikapulver würzen.

Tomaten Oliven Sauce

Für ca. 600 ml Sauce | Zubereitungszeit: 20 Minuten | Pasta / Fleisch

Zutaten:
800 g Tomaten
50 g Karotten
100 g Zwiebeln
100 g Stangensellerie
1 Chilischoten
100 g Oliven, entsteint
1 EL Basilikum
4 EL Olivenöl

Salz & Pfeffer

Zubereitung: Tomaten klein schneiden und in einen hohen Topf geben. Die Karotten und die Zwiebeln sowie den Sellerie klein würfeln und ebenfalls hinzugeben. Das Ganze 30 Minuten köcheln. Die gekochte Gemüsemischung mit einem Löffel durch ein Sieb passieren. Die Chili und die Oliven klein schneiden, danach unter die Masse heben und durchkochen. Dann mit dem Basilikum sowie Pfeffer und Salz abschmecken.

Tomaten Safran Sauce

Für 200 ml Sauce | Zubereitungszeit: ca.20 Minuten | Meeresfrüchte

Zutaten:
1 Zwiebel
4 Tomaten
2 Döschen Safranfäden
3 Knoblauchzehen
6 EL Öl
1 Chilischote
20 ml Sherry
1 Zitrone
3 EL gehackte Minze
3 EL gehackte glatte Petersilie
Salz & Pfeffer

Zubereitung: Die Zwiebel und den Knoblauch in kleine Würfel schneiden. Die Tomaten erst überbrühen, häuten, entkernen und ebenfalls würfeln. Den Safran in 3 EL warmen Wasser einweichen.

In einer Pfanne Zwiebeln und Knoblauch andünsten. Tomaten hinzufügen und ebenfalls mitdünsten. Die Chilischote entkernen und in kleine Streifen schneiden, dann den Safran mit dem Einweichwasser sowie dem Sherry hinzugeben und aufkochen lassen. Nun nach und nach die Kräuter hinzugeben. Abschmecken mit Pfeffer und Salz sowie ein Spritzerchen Zitrone.

Zwiebel Tomaten Zitronensud

Für 200 ml Sauce | Zubereitungszeit: ca.20 Minuten | Meeresfrüchte

Zutaten:
4 große Zwiebeln
2 EL Tomatenmark
1 Zitrone, deren Schale und den Saft der halben Zitrone
3 EL Butter
300 ml Gemüsefond

Salz & Pfeffer

Zubereitung: Drei der Zwiebeln halbieren, die Schale nicht abpellen und mit 2 EL Butter anschwitzen. Das Ganze muss richtig röstig werden. Dann mit dem Gemüsefond ablöschen und auf 200 ml reduzieren und durch ein Sieb passieren. Die vierte Zwiebel in Streifen schneiden.

Den aufgefangenen Sud wieder in eine Stielkasserolle geben. Das Tomatenmark einrühren, Zitronensaft sowie die abgeriebene oder abgezogene Schale hinzugeben. Die Zwiebelstreifen mit dem Rest Butter gut anschwitzen, dann ebenfalls in den Sud geben. Mit Pfeffer und Salz abschmecken.

Ingwer Jús

Für 500 ml Sauce | Zubereitungszeit: ca.30 Minuten | Fleisch / Geflügel

Zutaten:
1 Zwiebel
80 g Ingwer
3 EL Tomatenmark
2 EL Zucker
300 ml Rotwein
300 ml Gemüsefond

Etwas Öl zum Braten

Salz & Pfeffer

Zubereitung: Zucker und Tomatenmark sehr gut vermengen, dann in einer Stilkasserolle anbraten. Zwiebel und Ingwer mit Schalen klein schneiden und kurz mit braten. Danach ablöschen mit den Flüssigkeiten, ca. 20 Minuten köcheln lassen, bis die Masse sämig ist und eingekocht ist.

Das Ganze durch ein Haarsieb streichen und mit Salz und Pfeffer abschmecken.

Tomaten Mango Sauce

Für ca. 600 ml Sauce | Zubereitungszeit: ca. 20 Minuten | Pasta

Zutaten:
600 g Tomaten
1 Mango
3 EL Olivenöl
3 EL Dunkler Balsamico

Salz & Pfeffer

Zubereitung: Tomaten und Mango klein schneiden, danach anbraten. Die restlichen Zutaten werden hinzugegeben, durchkochen lassen. Abschmecken mit Pfeffer und Salz.

Mamas schnellste Tomatensauce der Welt

Für ca. 500 ml Sauce | Zubereitungszeit: ca. 15 Minuten | Pasta

Zutaten:
200 g Tomatenmark
4 EL Butter
4 EL Mehl
500 ml Gemüsefond
2 TL Oregano
1 Priese Zucker

Salz & Pfeffer

Zubereitung: Butter schmelzen, dann das Mehl und Tomatenmark einrühren und mit dem Fond aufgießen. Durchkochen, abschmecken mit Pfeffer und Salz sowie Oregano.

Rotwein Sauce

Für 500 ml Sauce | Zubereitungszeit: ca.30 Minuten | Fleisch / Geflügel

Zutaten:
2 Zwiebeln
6 EL Butter
4 EL Mehl
3 EL Tomatenmark
500 ml Gemüsefond
500 ml Rotwein
2 EL Balsamico

Salz & Pfeffer

Zubereitung: Die Zwiebel in der Butter anbraten, dann das Mehl zugeben und weitere 5-10 Min. garen, bis Mehl und Zwiebeln nussbraun sind. Tomatenmark einrühren und dann nach und nach den Gemüsefond und den Rotwein einrühren. Das Ganze zum Kochen bringen und 10 – 15 Min. köcheln lassen. Die Sauce in einen Topf mit einem Haarsieb abseihen. Balsamico sowie Salz und Pfeffer hinzugeben.

Erdbeeren Jús

Für 500 ml Sauce | Zubereitungszeit: ca.30 Minuten | Fleisch / Geflügel

Zutaten:
1 Schalotte in grobe Würfel geschnitten
2 angedrückte Knoblauchzehen
1 Zweig Thymian
8 reife Erdbeeren
25 g brauner Zucker
200 ml Portwein
500 ml Wild Fond
1 EL alter Balsamico Essig 13 Jahre alt
2 EL Rapsöl

Salz & Pfeffer

Zubereitung: Schalotten Würfel in etwas Öl glasig schwitzen, mit braunem Zucker bestreuen. Knoblauch, Thymian und Erdbeeren dazugeben und mit Portwein und Essig ablöschen. Mit dem Fond auffüllen und auf die Hälfte einkochen lassen. Die Soße passieren und mit etwas Stärke abbinden.

Thai Curry Sauce

Für 500 ml Sauce | Zubereitungszeit: ca. 10 Minuten | Gemüse / Fleisch

Zutaten:
1 – 2 EL Thai Curry Paste
500 ml Kokosmilch
6 Kaffierlimetten Blätter
1 Bund Thai Basilikum
2 EL neutrales Öl
4 EL Sojasauce

Salz & Pfeffer

Zubereitung: Basilikum und Kaffirlimetten Blätter ca. 30 Minuten in der Kokosmilch einweichen. Die Currypaste mit dem Öl anbraten. Dann die Kokosmilch aufgießen. Abschmecken mit Sojasauce, Pfeffer und Salz.

Curry Zitronengras Sauce

Für 500 ml Sauce | Zubereitungszeit: ca. 10 Minuten | Gemüse / Fleisch

Zutaten:
1 Schalotte
2 Stangen Zitronengras
250 ml Weißwein
350 Kokosmilch
1 – 2 EL Curry

Salz & Pfeffer

Zubereitung: Alles sehr fein schneiden, dann mit dem Weißwein und der Kokosmilch durchkochen. Abschmecken mit Curry, Pfeffer und Salz.

Karibisches Curry

Für 1 Liter Sauce | Zubereitungszeit: ca.30 Minuten | Fleisch / Fisch

Zutaten:
4 EL Mehl
1 Zwiebel
2 Stangen Sellerie
2 Knoblauchzehen
1 Lorbeerblatt
2 Nelken
3 Zweige Thymian
4 EL Currypulver
1 kleines Bund Schnittlauch
500 g Tomaten
500 ml Gemüsebrühe
500 ml Kokosnussmilch
1 TL frischer Koriander
6 EL Öl

Salz & Pfeffer

Zubereitung: Das Gemüse und die Kräuter fein schneiden. Dann alles zusammen anbraten. Flüssigkeiten daraufgießen und so lange kochen lassen, bis das Gemüse weich ist.

Danach in einem Mixer geben und sehr fein pürieren. Durch ein Haarsieb streichen. Die Sauce mit Pfeffer und Salz abschmecken.

Bier Sauce

Für 400 ml Sauce | Zubereitungszeit: ca.30 Minuten | Fleisch / Fisch

Zutaten:
1 kleine Zwiebel
1 EL Butter
150 ml Gemüse Fond
500 ml Bier
2 EL Stärke
2 EL Dijon Senf
2 TL Öl
1 Prise Zucker

Salz und Pfeffer

Zubereitung: Zwiebeln mit der Butter anbraten. Dann mit dem Fond und dem Bier ablöschen und auf 400 ml einkochen lassen Danach abschmecken mit Pfeffer, Salz und Senf.

Die Stärke mit etwas kaltem Wasser anrühren und damit die Sauce binden.

Pfeffer Rahm Sauce

Für 400 ml Sauce | Zubereitungszeit: ca.30 Minuten | Fleisch / Fisch

Zutaten:
100 ml Demi Glace (Seite 54)
1 Zwiebel
6 EL grünen Pfeffer
200 ml Sahne
2 EL Butter

Salz & Pfeffer

Zubereitung: Den grünen Pfeffer ca. 30 Minuten in der Sahne einweichen. Die Zwiebel anbraten, danach die Sahne und die Demi Glace dazu gießen und ca. 10 Minuten bei mittlerer Hitze köcheln lassen. Abschmecken mit Pfeffer und Salz.

Info: Man kann auch die Sahne weg lassen und nimmt stattdessen die gleiche Menge Fond. Dann wird die Sauce etwas leichter.

Orangen Sauce

Für 300 ml Sauce | Zubereitungszeit: ca.40 Minuten | Fleisch / Fisch

Zutaten:
2 Orangen
50 g Butter
150 g Schalotten
1 Knoblauchzehe
100 g Karotten
250 ml Weißwein
500 ml Gemüsefond
3 EL glatte gehackte Petersilie
1 EL gehackter Thymian
1 Lorbeerblatt
1 Zitrone
2 EL Zucker

Salz & Pfeffer

Zubereitung: Orangen von der Schale befreien, dann grob schneiden.
Butter schmelzen und die zuvor klein geschnittene Zwiebel und den klein
geschnittenen Knoblauch anbraten, Zucker dazugeben, das die Zwiebeln
und der Knoblauch karamellisieren. Orangen dazugeben sowie die
restlichen Zutaten bis auf die Flüssigkeiten. Alles zusammen gut anbraten.

Die Flüssigkeiten aufgießen und ca. 15 Minuten durchkochen. Danach sehr
fein pürieren und durch ein Haarsieb streichen. Sauce auffangen und mit
Pfeffer und Salz abschmecken.

Sugo

Für 200 ml Sauce | Zubereitungszeit: ca.30 Minuten | Fisch / Pasta

Zutaten:
800 g Tomaten
50 g Karotten
100 g Zwiebeln
100 g Stangensellerie
4 EL Olivenöl

Salz & Pfeffer

Variante:
6 EL Trüffelbutter
oder 6 EL Trüffel Öl

Zubereitung Sugo: Zuerst die Tomaten klein schneiden und in einen hohen Topf geben. Die Karotten und die Zwiebeln sowie den Sellerie klein würfeln und ebenfalls hinzugeben und 30 Minuten köcheln. Die gekochte Gemüsemischung mit einem Löffel durch ein Sieb passieren.

Variante: Trüffel Öl oder Butter nach der Zubereitung hinzugeben.

Grapefruit Sauce

Für 200 ml Sauce | Zubereitungszeit: ca.30 Minuten | Fisch / Pasta

Zutaten:
2 EL Zucker
250 ml Grapefruitsaft
3 EL Butter

Salz und Pfeffer

Zubereitung: Zucker karamellisieren, mit dem Grapefruitsaft ablöschen und auf die Hälfte reduzieren und würzen. Zum Schluss die kalte Butter mit einem Schneebesen in die Sauce montieren.

Balsamico Schalotten Sauce

Für 250 ml Sauce | Zubereitungszeit: ca.30 Minuten | Fleisch / Gemüse

Zutaten:
12 kleine Schalotten
50 ml Balsamico
100 ml Rotwein
100 ml Gemüsefond
50 g Butter
Salz & Pfeffer

Zubereitung: Schalotten schälen. Dann die kleinen Schalotten mit der Butter anbraten. Rotwein, Balsamico und Fond aufgießen und so lange köcheln lassen, bis die Schalotten weich sind und die Sauce leicht eingedickt ist. Mit Salz und Pfeffer abschmecken.

Vanille Sauce

Für 250 ml Sauce | Zubereitungszeit ca. 20 Minuten | Dessert

Zutaten:
150 ml Milch
2 Eigelbe
1 EL Speisestärke
150 g Sahne
60 g Zucker
2 Vanilleschoten
1 Prise Salz

Zubereitung: 4 EL Milch und das Eigelb mit der Speisestärke anrühren. Vanilleschote auskratzen. Milch und Sahne zum Kochen bringen, mit dem Mark und der Schote der Vanille, Zucker sowie die Prise Salz hinzugeben. Nach 5 Minuten die Schoten herausnehmen, die Stärkemischung unter kräftigem Rühren hineingeben. Abschmecken mit Zucker.

Info: Scheint die Sauce etwas klumpig, kann diese mit einem Pürierstab sehr fein püriert werden. Sollte sie dann zu dicklich sein, mit etwas Milch oder Sahne aufgießen.

Rote Grütze

Für 600 g Sauce | Zubereitungszeit ca. 20 Minuten | Dessert

Zutaten:
300 ml Traubensaft (Rotwein)
2 EL Stärke
1 EL Honig
1 Sternanis
2 Nelken
1 Kardamomkapsel
100 g Himbeeren
100 g Erdbeeren
100 g Heidelbeeren
100 g Johannisbeeren
100 g Brombeeren

Zubereitung: Die Gewürze in einem Mörser fein mahlen. Den Saft oder Rotwein in einen Topf geben und mit den Gewürzen gut aufkochen. Stärke mit etwas kaltem Wasser anrühren, dann zum Saft oder Rotwein geben und bei mittlerer Hitze aufkochen. Wenn die Flüssigkeit bindet, die Beeren hinzugeben. Alles ca. 10 Minuten bei mittlerer Hitze köcheln lassen und mit etwas Honig abschmecken.

Aprikosen Kompott

Für 500 g Sauce | Zubereitungszeit ca. 20 Minuten | Dessert

Zutaten:
500 g frische Aprikosen
6 getrocknete Aprikosen
2 EL Zucker oder 2 EL Honig
100 ml Orangensaft

Zubereitung: Die frischen Aprikosen vom Stiel entfernen und entkernen dann klein schneiden und die Hälfte der frischen Aprikosen in einen Pürierbecher geben. Die getrockneten Aprikosen ebenfalls klein schneiden und zu den frischen Aprikosen geben, dann mit Orangensaft auffüllen gut pürieren. Das Ganze ca. 10 Minuten köcheln lassen.

Die restlichen Aprikosen hinzugeben und nochmals 5 Minuten köcheln lassen.

Schokoladen- Espresso Sauce

Für 200 ml Sauce | Zubereitungszeit ca. 20 Minuten | Dessert

Zutaten:
150 g Edelbitterschokolade
125 ml Espresso
1 EL Zucker

Zubereitung: Die Schokolade in kleine Stücke bröseln und im Espresso unter leichter Hitze auflösen und mit dem Zucker abschmecken.

Heidelbeeren Ragout

Für 300 ml Sauce | Zubereitungszeit: ca. 5 Minuten | Dessert / dunkl. Fleisch

Zutaten:
250 g Blau- oder Heidelbeeren
4 EL Zucker
100 ml Rotwein

Zubereitung: Den Zucker in einem heißen Topf karamellisieren, dann die Heidelbeeren und den Rotwein hinzugeben und aufkochen lassen. Abschmecken mit Zucker.

Amarena Kirsch Sauce

Für 300 ml Sauce | Zubereitungszeit: ca. 10 Minuten | Dessert

Zutaten:
200 g Amarena Kirschen aus dem Glas
Saft der Kirschen
100 g Edelbitter Schokolade

Zubereitung: Die Kirschen mit dem Sud in einer Stielkasserolle köcheln, danach grob pürieren. Die Schokolade in kleine Stücke schneiden und unter die Kirschen heben.

Gewürzfeigen

Für 500 g Sauce | Zubereitungszeit ca. 20 Minuten | Dessert

Zutaten:
500 g reife Feigen, ersatzweise Softfrüchte
100 ml Weißwein
100 ml Sherry
50 g Zucker
1 EL Stärke
1 Sternanis
1 Nelke
1 Msp. Kardamom
1 Msp. weißer Pfeffer

Zubereitung: Feigen waschen, halbieren, in Würfelchen schneiden und in Wasser weich kochen. Weißwein und Sherry mit dem Zucker aufkochen, Sternanis mit den anderen Gewürzen sehr fein mahlen und hinzu geben. Stärke mit etwas kaltem Wasser anrühren, dann zur Flüssigkeit geben und einmal aufkochen lassen. Die Feigen hinzugeben, warm werden lassen und direkt mit dem Schokokuchen servieren.

Karamell Sauce

Für 100 ml Sauce | Zubereitungszeit ca. 20 Minuten | Dessert

Zutaten:
1 EL Butter
2 EL Zucker
100 ml Sahne
3 EL Amaretto

Zubereitung: Butter schmelzen, dann den Zucker hinzugeben und unter ständigem Rühren braun werden lassen. Den Zuckerkaramell mit der Sahne ablöschen und kurz aufkochen. Dann den Amaretto dazugeben und nochmals gut verrühren.

Erdbeeren Pernot Sauce

Für 250 ml Sauce | Zubereitungszeit ca. 20 Minuten | Dessert

Zutaten:
250 g Erdbeeren
3 EL Zucker
2 EL Pernot

Zubereitung: Den Zucker in einer Kassarolle erhitzen, bis er sich ganz aufgelöst hat. Dann mit dem Pernot ablöschen. Die Erdbeeren hinzugeben und kurz mitköcheln lassen, fein pürieren und durch ein Haarsieb streichen. Danach die Sauce so lange bei mittlerer Hitze kochen lassen, bis diese dicklich wird.

Schokoladen Sauce

Für ca. 200 ml Sauce | Zubereitungszeit: ca. 15 Minuten | Dessert

Zutaten:
200 g Edelbitter Schokolade
100 ml Rotwein
200 ml Sahne
Etwas Zucker

Variante:
1 Chilischote

Zubereitung: Schokolade im Wasserbad schmelzen. Den Rotwein stark erhitzen, damit der Alkohol heraus kocht. Sahne hinzugeben sowie den Zucker. Ist die Schokolade geschmolzen, wird sie in die Rotwein Sahnemischung gerührt.

Variante: Sehr fein schneiden und mit in die fertige Sauce geben.

Impressum:

Rezepte:
Mirko Reeh ©

Portrait Mirko Reeh:
Angela Kropp I PHOTOGRAPHY / angelakropp.de

Titelfoto:
I Stockfoto.com

Foodbilder:
Bernhard Kölsch / two4food
Seiten: 36, 69 und 75

I Stockfoto.com
Seiten: 9, 21, 25, 40, 43, 47, 49, 54, 57, 59, 65, 79, 83 und 85

Fotolia.com
Seiten: 11, 13, 18, 20, 31, 89, 93 und 97

Gestaltung:
Mirko Reeh

Herausgeber:
Kochschule Mirko Reeh
Wiesenstrasse 33 | 60385 Frankfurt

Telefon: 069 9450710

E-Mail: info@mirko-reeh.com

Herstellung und Verlag:
BOD – Books on Demand, Norderstedt

ISBN
978-3-8423-6243-7